首鼠两端

蓬荜生辉

bú cuò lǎo shī

不错老师

de hàn zì kè

的 汉字课

—— 用就错的汉字

沐猴而冠

程玉合 著

人民邮电出版社
北京

U0688887

图书在版编目（CIP）数据

不错老师的汉字课. 一用就错的汉字 / 程玉合著
. —— 北京：人民邮电出版社，2022.1
ISBN 978-7-115-57697-2

Ⅰ．①不… Ⅱ．①程… Ⅲ．①汉字—错别字—辨别
Ⅳ．①H124.1

中国版本图书馆CIP数据核字(2021)第217271号

内 容 提 要

经常挂在嘴边的字，竟然都读错了？写了千万遍的字，竟是李逵遇李鬼？你理解的汉字，真的是它的本意吗？汉字学习是一个注重积累的过程，在孩子的记忆黄金期纠正错字，从小将汉字读对、写对、用对，将使他受益一生。

本书作者"不错老师"——程玉合，通过诙谐幽默的语言，为你讲述生活中常见、中小学常考的易错字，从字音、字形、字义三方面，纠正常见汉字谬误，轻松解读传统文化。除了书中的趣味汉字游戏，还配套常见易错字手册，帮助孩子摆脱死记硬背，做个"明白人"。

◆ 著　　　　程玉合
　 责任编辑　朱伊哲
　 责任印制　陈　犇

◆ 人民邮电出版社出版发行　　北京市丰台区成寿寺路 11 号
　 邮编　100164　　电子邮件　315@ptpress.com.cn
　 网址　https://www.ptpress.com.cn
　 涿州市般润文化传播有限公司印刷

◆ 开本：700×1000　1/16
　 印张：15.25　　　　　　　　2022 年 1 月第 1 版
　 字数：215 千字　　　　　　 2025 年 2 月河北第 6 次印刷

定价：99.80 元（全 3 册）

读者服务热线：(010)81055296　印装质量热线：(010)81055316
反盗版热线：(010)81055315

玩着学本事

启航

全民阅读十佳推广人、《中国新闻出版广电报》榜评人

老程出书了，一出还出三本。仔细一看：《一读就错的汉字》《一写就错的汉字》《一用就错的汉字》，看来三本书是"桃园三结义"的路子。

三本书的名字里，"一 × 就错的汉字"有六个字是重复的，关键字词是"读、写、用"。看到这儿我就来气。前几天，有同事给我发工作日志，说"最近开书店的人加群都很踊跃""从下周开始先退出成人场"。我看半天不明白，问他，他愣了好一会儿才发现自己写错了。应该是"最近来书店的人加群都很踊跃""从下周开始先推出成人场"。我批评他：我不要求你像图书编辑那样一点错都没有，但是在关键位置上的字你不能出错，出了错，意思满拧，耽误事。

好比马三立先生的相声《买猴》，原本给业务员的通知上应该写"兹派你到东北旺买猴牌肥皂50箱"，结果写通知的人马大哈，写成了"兹派你到东北买猴50"，这一错，业务员出差出了半年，从南走到北，从白天走到黑夜，就为了买50只猴。

类似的例子，过去不少，现在更多。当代人在"读、写、用"这几个关键字上的行为，堪称"部分功能丧失症"。与这类错误相

比，老程在这三本书里聊的"错"要高级很多。读完以后，提高语文水平是毋庸置疑的，当个显摆的谈资也没问题，最主要的是你不会再因为知识储备不足、胡乱开牙而丢丑。

老程有意思就在这儿。他用自己的书拦着别人丢丑，自己却大义凛然地拥抱丢丑。老程与我，相识颇有戏剧性，与本书无关，不提。认识以后，第一感觉是他为人放达，不像个已有名气的语文老师；话密，老给人言多语失、悬崖边遛弯的濒危感。第二感觉是胆儿大，好斗嘴。有次聚会，一桌人，他居然挨个"挑衅"，无一错过，结果大家赏他一个外号：太后。

上面讲说"太后"的文字，无贬义，是妒忌，皆因我不能像他一样无忧无虑。无忧无虑的人写东西，通常会比较好玩。老程这人日常生活里就好玩，写东西更是如此。对于读他的书的人来说，快快乐乐把知识学了，简直好得不得了。眼下的少儿教育，最推崇的其实就是这——玩着学本事。老程这三本书，没别的，全是这意思。

目 录

一文不名 / 一文不值

　　有个故事叫作"不食嗟来之食"，说的是春秋时齐国闹了很严重的饥荒，齐国的贵族黔敖在路边准备好饭，给饥饿的人吃。这时，有个看起来十分饥饿的人用衣袖蒙着脸，步履艰难地走来。黔敖左手端着食物，右手端着汤，不客气地说："喂！来吃吧！"那个人抬起头，瞪着眼睛对他说："我就是因为不肯吃别人施舍的食物，才落得这个地步！"说完就离去了。黔敖觉得自己做得不对，便追上前去向他道歉，但对方最终因为不肯吃别人施舍的食物而饿死了。

　　你可能会想，如果他身上有些钱能买吃的话，也就不会饿死了。

没钱就是穷，穷到家就是"一文不名"。"一文"指的是"一文钱"，是一种面值很小的钱币，类似于现在的一角硬币。"名"是占有的意思。"一文不名"的意思是连一文钱也没有。鲁迅的小说《孔乙己》中，人们用九文钱才可以买到一碟茴香豆和两碗温酒，这说明一文钱是少得可怜的。

人们经常根据字面意思，把"一文不名"和"一文不值"混淆。要知道，"一文不值"是指一点价值都没有，后来指人无用。

总之，"一文不名"是没有钱、穷困，"一文不值"是无价值、不中用，你能区分它们了吗？

活学活用

他原来是个亿万富翁，可现在却一文不名了。

以牺牲运动员的健康为代价获得的金牌是一文不值的！

巧夺天工 / 鬼斧神工

有一本叫《巧夺天工》的书，里面介绍了铜奔马、永乐大钟、石刻、玉雕等，个个都是精美的艺术品。这些艺术品还有个共同特点：他们都是中国古代的能工巧匠用手制作出来的。

"夺"是"胜过"的意思，"巧夺天工"是指人工的精巧胜过天然，用于形容技艺十分巧妙。所以，"巧夺天工"所修饰的对象必须是人工制作的，而不能是天然的。

"鬼斧神工"指风景像是鬼神制作、雕刻出来的，形容自然风光的神奇巧妙不是人力所能达到的。总之，"巧夺天工"强调人工事物，而"鬼斧神工"强调大自然的力量，你记住了吗？

活学活用

这个公园里的假山，结构新奇巧妙，真可以说是**巧夺天工**。

大自然的**鬼斧神工**，让人们产生无尽的遐想。

目不暇接 / 应接不暇

哇，好多东西。

周末啦，你和妈妈一起逛商场。商场里的东西真多呀！你东看看，西瞧瞧，眼睛都看不过来了，这就是"目不暇接"。这里的"暇"指闲暇，眼睛没有闲暇，就是忙不过来。在日常生活中，咱们常说的"眼睛不够用了"也是这个意思。

"目不暇接"这个成语，容易和"应接不暇"用混。比如，"汽车向神农架山区奔驰，只见奇峰异岭扑面而来，令人目不暇接。"这句话里，"目不暇接"就用得不合适，应该用"应接不暇"。

"应接不暇"的"接"是接待应付的意思，而接待应付的应该是人或事情。"应接不暇"偏向主动，是你去接待应付。比如家有喜事的时候，太多朋友来祝贺，来了一拨又一拨，你都应对不过来了，那时就是"应接不暇"。

"目不暇接"偏向被动，是东西往眼睛里"跑"得太多，眼睛看不过来了，就像"刘姥姥进大观园——眼花缭乱"。

活学活用

商店里的商品琳琅满目，让人目不暇接。

这么多事情着急办理，真让人应接不暇。

不负众望 / 不孚众望

读三国时，你可能对曹操的一句话印象深刻：宁我负人，人不可负我。"负"是辜负、对不起的意思。这句话的意思是，宁可我对不起别人，别人不能对不起我。

在"不负众望"这个成语里，"负"也是辜负、对不起的意思，这个成语的意思是不辜负众人的期望。如果一家人都希望你好好学习，你也非常努力，最后取得了好成绩，那么你就是"不负众望"。

这个成语和"不孚众望"仅有一字之别，所以经常被混用。"不孚众望"的"孚"是令人信服的意思，"不孚众望"的意思是不能使众人信服。

来看看下面两个例句吧。

张同学不负众望，这次全市比赛得了一等奖，为校争光。

张同学不孚众望，大家都不选他当班长，这说明光有好成绩还不够。

"不负众望"与"不孚众望"虽只有一字之别，意义却差别很大，我们不能不注意啊。

活学活用

小兔子**不负众望**，在森林王国运动大会上获得了短跑冠军。

他因为失误，在最后关头**不孚众望**，没有被评为优秀代表。

不以为然 / 不以为意

你帮妹妹打扫了房间，觉得自己做了一件好事，得意扬扬地去向妈妈请功。妈妈却说这样不好，应该让妹妹自己的事情自己做。你觉得妈妈说得不对，不以为然。

"然"是"这样"的意思，"不以为然"就是不认为是这样，不认为你是对的，意思也就是我认为你是错的。

生活中经常有人把"不以为然"和"不以为意"用混。其实，"不以为意"的意思是不把它放在心上，表示对人、对事抱轻视的态度。

你这次考试有进步，兴冲冲地跑去告诉妈妈。妈妈却不以为意，觉得没啥了不起。这对你犹如一盆冷水从头泼下，你感觉很委屈。有些家长奉行"谦虚使人进步，骄傲使人落后"的教育理念，故意漠视孩子的努力和进步，却喜欢将孩子的短处时不时地拎出来说教一通。哎，为什么要这样呢，多给孩子"加鸡腿"鼓励一下，不好吗？

活学活用

他对我的观点**不以为然**，还是坚持己见。

我这回考了 100 分，妈妈却**不以为意**。

一言九鼎 / 一诺千金

战国的时候，秦王对魏国的使者说："天子之怒，伏尸百万，流血千里。"看到没有，秦王发怒，天下苍生都要受影响。

形容说话最有分量，这就是"一言九鼎"。

鼎是古代三足两耳的锅，也是祭祀的时候用的礼器。鼎多为青铜所制，单个的重量本不轻，何况九鼎？传说夏禹制作九鼎，代表九州，九鼎承载了权力的威严，更是加重了几分。

"一言九鼎"这个成语指说话有分量。生活里有人强调讲信用时也用"一言九鼎"，这其实是误用，应该用"一诺千金"，二者还是有区别的。记住："一诺千金"是形容讲信用，"一言九鼎"是形容说话有分量。

活学活用

他在政界德高望重，一言九鼎，很受大家的爱戴。

小明一诺千金，答应下的事情从来不会反悔。

下里巴人 / 阳春白雪

"下里巴人"不是人，它指的是歌曲。

战国时期有一个歌唱家在京城歌唱，开始唱的是楚国最流行的民间歌曲《下里巴人》，这时有好几千人跟着唱。这阵势有点像现在的演唱会，歌手在台上一张嘴，底下的观众都跟着一起唱。"下里巴人"原指古时楚国民间流行的一种歌曲，今用于比喻通俗的文学艺术。

跟"下里巴人"相对的叫"阳春白雪"。古典音乐、歌剧不容易懂，艺术家在台上表演，观众只能竖着耳朵听、睁着眼睛看。相传《阳春白雪》是春秋时期的"乐圣"，晋国的师旷所作，后传入楚国，成为楚国艺术性较强、难度较高的歌曲。"阳春白雪"一词后来泛指高深的、不通俗的文学艺术。

萝卜青菜，各有所爱。世界上有不同的人，就有不同的需要，这无可厚非。需要注意的是，常有人把"下里巴人"用错，误认为"下里巴人"是地位低下的人。大家一定要注意，"下里巴人"不是人哟。

活学活用

文艺既要普及，又要提高，群众既需要他们熟悉的"下里巴人"，也需要"阳春白雪"。

事倍功半 / 事半功倍

别看"事倍功半"与"事半功倍"这两个词表面挺"亲近"，其实是一对"死敌"，它们的意思正好相反。

这两个词讲的都是效率问题。付出很多，得到的不多，收获仅有付出的一半，这是"事倍功半"；付出不多，得到的却不少，收获的是付出的一倍，这是"事半功倍"。

作家冰心小时候上学时发现了一个窍门："早晨头脑最清醒，做起作业来，往往事半功倍。"世界上的好多事情就是这样，找对方法能省不少力气，所以我们需要开动脑筋，找到最适合自己的方法。

我们如果不能很好地分辨这两个成语，一看差不多就张冠李戴，意思很容易就表达反了，到头来，南辕北辙，是非颠倒就不好了，你说是不？

活学活用

做事情，要讲究方法，否则就会事倍功半（往往就会事半功倍）。

不胫而走 / 不翼而飞

请你来猜个谜语：什么东西没有腿还能走？

你可能会说蛇、鱼、蚯蚓，还可能会说火车、飞机……哈哈哈，脑洞大开。要知道，在古代可没有火车和飞机，而"不胫而走"这个词说的也不是有形的东西，那它指的是什么呢？

"不"是没有，"胫"是小腿，"走"是跑，"不胫而走"的字面意思就是没有腿却能跑，比喻事物无须推行，就迅速地传播开。俗话说，好事不出门，坏事传千里。你越是想隐瞒的消息，可能越是传播得比火车飞机的速度还快，不用嚷嚷全世界就都知道了。

言论、消息、故事一类事物的传播，既可以用"不胫而走"形容，也可以用"不翼而飞"。"不胫而走"也适用于形容很抽象的概念。

"不翼而飞"中的"翼"是翅膀，没有翅膀却飞走了，用来形容事物运行或传播迅速极快，或是比喻东西突然消失。侦探小说里常常有这样的情节：东西刚刚还在那儿，怎么就不翼而飞了？留下一个大大的悬念。而"不胫而走"没有东西突然消失这层意思。

"不胫而走"还能比喻事物风行一时，而"不翼而飞"不能。

活学活用

这种服装朴素大方，**不胫而走**，很快流行全市。

我一觉醒来，发现所有的行李都**不翼而飞**了。

振振有词 / 理直气壮

同学想抄你作业，还振振有词："你不让我抄，我的作业就做不完，老师就会骂我，我就会伤心，然后我会放弃学习、不能毕业，然后我就找不到工作……"遇到这样胡搅蛮缠的人，你别理他，理直气壮地说一句话："老师说了，要自己动脑筋。"

"振振有词""理直气壮"都是形容很有理的样子，不过"振振有词"是指自以为理由很充分，并不是真的有理，所以"振振有词"是贬义词。

真理在手，说话自然硬气，这就是"理直气壮"。但如果只是自己觉得有理，其实只是在狡辩而已，这时就是"振振有词"了。

活学活用

他没写作业，被老师问到的时候还振振有词。

截止 / 截至

　　很多人参加过很多比赛，却一直看不懂活动启事上面的时间要求，时间要求上一会儿写着"截止"，一会儿写着"截至"。

　　"截止"表示到某个时间停止，强调停止。比如，启事上说截止时间到某日几点，意思是说到某日几点就停止了，没有后续，过期不候，再想报名参加活动就晚了。"截至"表示暂时停止于某个时间，但事情还没结束，后面还可以继续。

　　"截至"强调时间，后面需带时间词语，例如"截至目前""截至6月1日"；而"截止"一般用于时间词语之后，例如"报名工作已于昨日截止""售票将在本月底截止"。

　　我们可以说"截至目前"，不能说"截止目前"。但是，可以说"截止到目前"，因为"截止到"相当于"截至"。

活学活用

活动报名的<u>截止</u>时间为五月十一号，希望大家踊跃参加。

<u>截至</u>五月十一号，已有超过一千人报名。

爆发 / 暴发

兔子急了会咬人，狗急了能跳墙，人被惹急了……等等，是"爆发"，还是"暴发"呢？

"爆发"和"暴发"都是动词，都含有"突然发作"的意思。但二者的使用范围不同，"爆发"的使用范围比"暴发"宽。二者的程度也不一样，"爆"要比"暴"更强烈，"爆"带"火"，当然更猛。

"暴发"多用于形容山洪、大水、疾病等具体事物，"爆发"更多用于形容抽象的事物，如革命、起义、运动等重大事变，或力量、情绪，等等。

当你做作业磨磨叽叽的时候，小心爸爸的脾气就要爆发啦！

活学活用

会场上**爆发**出震耳欲聋的掌声。

山洪**暴发**，冲垮了路基。

谋取 / 牟取

你看到这个"谋"字，是不是就会想到"阴谋诡计"？"谋"看起来就像是在干坏事。

其实呢，"谋取"是设法取得的意思，是指以计谋设法取得，为中性词，涉及的事物除了某种利益外，还可以是职务、发展、幸福等。"谋取"一般有两种用法，一种是指用不正当手段图谋私利，另一种是指用正当手段取得某种合法利益。

在古代，大官们都有自己的谋士、门客，这些人都有一定的本事，平时为主公出谋划策、谋取利益。战国时有个孟尝君，养了三千门客。有一次秦王要杀他，他的门客又是偷东西，又是学鸡叫、骗守

城的人开门，这才让他逃离险境。虽然听上去有点狼狈，但也算是用计谋取吧。

要特别注意的是，"牟取"跟"谋取"都包含"设法取得"的意思，但二者在使用上有所差别。"牟取"带有贬义色彩，一般指用不正当的手段取得名利。

一句话，设法取得用"谋取"，非法谋取用"牟取"。

活学活用

毕业后他四处奔走，谋取职业。

他们利用这种欺骗性很强的手段从中牟取暴利。

暴病 / 抱病

"暴病"和"抱病"因为同音，所以经常被人用错。这两个词都与疾病有关，但有很大的不同。

在教室里坐得好好的，突然肚子疼得要命，紧急送到医院，立即手术才转危为安。乖乖，暴病一来差点要了小命。

"暴病"指突然发作、来势很凶的病。这

种病可能会危及生命，由"暴病而亡"可知其严重性。人暴病后即使保住生命，代价往往也很大，比如"一场暴病，使他意志完全消沉了"。

"抱病"指有病在身。这里"抱"字用得很形象，说"病"像自己的孩子似的，还得"抱着"。殊不知，抱自己的孩子，累却快乐着；抱着病，别管大小，都想尽快扔掉。

活学活用

狮子本来想得很美好，以为整个地盘都是它的了，谁知道，一夜之间它却暴病而亡。

李老师抱病为大家上课，同学们都很担心他的身体。

忍俊不禁

"忍俊不禁"的意思是看到人家长得俊，就忍不住上前套近乎？错了错了！它是忍不住发笑的意思。

你可能会觉得奇怪，这四个字看起来跟笑没有什么关系啊。原来，笑的意思藏在"俊"字里面呢！"俊"有美的含义，说这姑娘很俊，意思是这姑娘长得很美。我们翻开相册看看，最美的那张照片很多时候就是笑得最开心的那张。

知道了这个成语的意思，你就明白了它不可以与"笑"重复使用。下面的话就是一个病句：

在晚会上，同学们看到小胖的表演，忍俊不禁地大笑起来。

"忍俊不禁"就是忍不住发笑，"忍俊不禁地大笑"不就是"忍不住发笑地大笑起来"。这样不就重复了吗？所以正确的用法应该是：

在晚会上，同学们看到小胖的表演都忍俊不禁。

"忍俊不禁"后面不能再接"笑"，你记住了吗？

活学活用

动物园里，大熊猫憨态可掬，周围的大人们忍俊不禁，孩子们更是笑得前仰后合。

万人空巷

  2008 年，中国首次举办奥运会，奥运火炬每传递到一个城市，那个城市的人们就争相挤在道路边观看，新闻报道说：真是万人空巷。

  要正确理解"万人空巷"这个成语，关键是理解"空"的意思。"空"在这里是使动用法，"空巷"的意思是"使巷子空了"。"万人空巷"是说成千上万的人都从巷子里出来了，使巷子空了。因此，"万人空巷"多用来形容庆祝、欢迎等盛况或新奇事物轰动一时。

  有人这样造句："某地越来越萧条，万人空巷"。这样的用法是错误的，在他的认识里，"万人空巷"是指巷子里空无一人，这就是望文生义，理解错了成语的意思。

活学活用

  喜讯传来，首都北京万人空巷，人们兴高采烈地走上街头，在广场上庆祝。

蓬荜生辉

"蓬""荜"两个字都有"艹"。"蓬"指蓬草，是自然界中特别常见的一种野草；"荜"指荆竹，在日常生活中也很容易见到。这两样东西都是古时的普通百姓特别是穷苦人家制作简易门的材料。

又是杂草，又是恶竹，用这些材料做出来的门当然是一副寒酸的模样，怎么还生辉了呢？原来呀，这里是用了借代的修辞手法，用材料蓬和荜代指用蓬荜做的门，再用蓬荜做的门代指穷苦人家。

"蓬荜生辉"是指某人某事使寒门增添光辉。小朋友们看古装影视剧时有没有发现古人说话都特别谦虚呢？家里的孩子说成是"犬子"，自己的妻子是"贱内"，就连皇帝都自称"寡人"，意思是寡德之人。

谦虚是一种美德。"蓬荜生辉"就是一种谦虚的说法，是谦辞、客套话。宾客来到我们家里，或赠送我们字画等东西，我们千万不能显摆自己家有多阔绰，要低调，要说自己家是寒门，还要尽量抬高对方的身份，说人家的到来或赠送的礼物让我们家熠熠生辉，这样既得体也有礼貌。

　　所以这个词有点儿自嘲意味，用在自己身上是谦虚，但是如果搞错了方向，用在别人身上，那可就不对了。试想，你去朋友家，本想夸人家，却张口就说别人家是寒门，说自己的到来让别人家都闪闪发光了，那可就太没礼貌啦！

活学活用

您的到来真是让我家蓬荜生辉啊！

蹉跎岁月

你是否每次考试后都有点后悔：要是平时少玩些游戏，多看看书就好了。如果有这种情况，你就懂得了"蹉跎"的含义。

有一首明代的诗歌叫《明日歌》，说的也是这个现象："明日复明日，明日何其多；我生待明日，万事成蹉跎"。从这首诗就可以看出来，"蹉跎"的意思是光阴白白地过去，指虚度光阴。

生活中常有人误用"蹉跎"这个词。有人觉得"岁月蹉跎"是指岁月艰难、艰苦。本来"我们不能蹉跎岁月"是提醒大家珍惜时间，莫要荒废，但按他的理解却成了过不好日子，是不是好笑？

"蹉跎"两个字都有"足"，意思都和走路有关。这两个字是特别好的朋友，几乎形影不离——有"蹉"必有"跎"，见"跎"必见"蹉"。"蹉跎"是一个特殊的词，两个字要连在一起，不能拆开解释。

活学活用

如果你认为自己还小，还可以蹉跎岁月的话，你终将一事无成。

身无长物

前面讲过了"一文不名"，我们再来看看它可怜的"兄弟"——"身无长物"。

曾经有个小朋友把这个"长"理解为"擅长的东西"，于是说："我好惨，什么兴趣爱好都没有，身无长物……"你可能觉得他说得没错啊，那不妨先听我讲一个故事。

东晋大臣王恭从会稽回来，王大去看他。王大看王恭坐着一张六尺长的竹席，就对他说："你从东边回来，一定有很多这种东西，能不能给我一条？"王恭没有回答。王大离开之后，王恭就把坐着的这张席子给王大送去了，但他自己就没有竹席了，只好坐在草垫上。后来王大听说此事，十分吃惊，就对王恭说："我本来以为你那里有很多呢，所以才要的。"王恭回答："您不了解我，我从来没有多余的东西。"

身上没有多余的东西就是"身无长物"，"身无长物"的"长"是多余的意思，这个词用于形容一个人贫困或俭朴。比如，古时一些贫困的小朋友一双鞋要从冬天穿到夏天，连换洗的鞋都没有，真的是身无长物啊。

活学活用

他生活节俭，一向是**身无长物**。

首鼠两端

首鼠两端

和我没关系。

动画片《猫和老鼠》里面有只小老鼠杰瑞，它出场时总是先把小脑袋瓜从洞里伸一点点出来，东边瞅瞅，西边看看，然后窜出来，一会儿装作对汤姆猫很好，一会儿又对它很糟，这是不是"首鼠两端"呢？

你要是这样认为，那可就大错特错啦！"首鼠两端"和老鼠没有一点儿关系，它的意思也不是指前后行为不一样。

"首鼠"又作"踌躇"，表示犹豫不决；"两端"指在两者之间犹豫不决，拿不定主意。"首鼠两端"的意思是犹豫不决、动摇不定。

"首鼠两端"和小老鼠可没关系，不要再冤枉人家啦！

活学活用

在这些将士们的呼喊下，那些首鼠两端的人也不得不坚定起来，勉强加入了守城的行列中。

望其项背

有个人写文章给我看，上面写道："他水平高，我自愧不如，只能望其项背。"我告诉他"望其项背"用错了。"项"是脖子，自己在后，目标在前，但还能够望见目标的脖子和后背，表示离前面的目标并不远，还赶得上或比得上。

我追得上。

但"望其项背"这个成语多用于否定句式，强调距离、差距悬殊，难以追上。比如，我们可以说"他读书很多，水平很高，让人难以望其项背。"这就是说这个人太厉害了，一般人连他的脖子和后背都看不到，更别说赶上他的水平了。

有篇文章就出过这样一个差错，文中写道："李清照的文学境界让当下的文学爱好者只能望其项背。"李清照是中国历史上著名的女词人，我们大多数人别说望其项背，估计连她的影子都看不到。

活学活用

这位年轻的作家，才华横溢、气度不凡，一般人是难以望其项背的。

望尘莫及

前面讲了"望其项背"，那个成语是形容追得上。那要是追不上呢？这种情况下，我们就要用"望尘莫及"来形容了。

"尘"的繁体是"塵"。你看这个字像不像鹿在土里跑？小鹿在土里跑起来，肯定尘土飞扬。"莫"的意思是不，"及"的意思是赶上。"望尘莫及"的字面意思是望着前方尘土飞扬却不能赶得上，形容远远落后。你可以想象一下，在学校运动会上，小健将们一骑绝尘，一下子就跑得不见影了。

我追不上。

总之，表示距离远、赶不上的是"望尘莫及"，表示距离近、赶得上的是"望其项背"。要用"望其项背"表示赶不上，就必须说"难以望其项背"。

"望尘莫及"等于"难以望其项背"，你记住了吗？

活学活用

他业务能力太强了，我们望尘莫及（难以望其项背）。

首当其冲

望文生义要不得，特别是对于成语。老程前几天在网上就发现了这样一个句子："发展生产力是当前首当其冲的大事，是一切工作中的重中之重。""首当其冲"的大事？你觉得可以这样说吗？

"首当其冲"中的"首"是最先的意思，"当"是面对、对着、承当、承受的意思，"冲"是要冲，指交通要道。这个成语的字面意思是首先承受（打击）的交通要道，比喻最先受到攻击或遭到灾难。

从汉代开始，匈奴攻打中原首当其冲的就是雁门关；而在现代高科技战争中，一国的空中力量往往首当其冲，如果飞机、导弹被打趴下，地面部队就只能等着挨打了。所以只有坏事才能叫"首当其冲"，好事可不能用"首当其冲"来形容。

我们一开始所举的错误例子，把"首当其冲"理解成了"至关重要"，用它来形容发展生产力这件事了。发展生产力是好事，可不能用"首当其冲"来形容。

活学活用

那辆失事的车辆冲上人行道，站在水果摊前的男子首当其冲被撞倒。

不速之客

　　有人一看"不速之客"这个成语，就认为："速"是迅速的"速"啊，"不速之客"就是动作不迅速的客人呗，比如你请客，一个朋友姗姗来迟，他就是"不速之客"。

　　其实，"不速之客"的"不"是没有的意思，"速"是邀请的意思，"不速之客"的字面意思就是没受到邀请就来了的客人。"不速之客"一般指来得很突然或者是不受欢迎的人。

　　说到不受欢迎，希腊神话中有一个著名的不速之客——争吵女

我行动慢就是"不速之客"？

神。传说，国王珀琉斯举行婚礼，奥林匹斯山上的诸神都应邀而来，但国王没敢请她。争吵女神知道了，怒气冲冲地跑来，把一个金苹果扔在桌子上，上面刻着一行字："给最美丽的女神"。其他女神为了争得"最美丽的女神"的头衔，开始争吵起来，为此还引发了特洛伊战争，前后持续了十年。

活学活用

　　狐狸正在抓兔子，这时来了个**不速之客**——老虎，狐狸只能悻悻而去。

明日黄花

"明日黄花"出自苏轼的《九日次韵王巩》："相逢不用忙归去，明日黄花蝶也愁。"

"明日"在诗中指重阳节，"黄花"指的是菊花。"明日黄花"的原意是重阳节那天的菊花，而重阳节一过，菊花就枯萎了，失去了赏玩的价值。后来这个成语就用来比喻过时的东西，或失去新闻价值的报道。

那我们能不能说"昨日黄花"呢？人们也许会想，昨日是过去，过去的黄花也是过时了的东西，应该比"明日黄花"更准确吧。这样一想，越想越对，就那么用了。这是一种误解，"明日黄花"里的"明日"根本不是指明天，用"昨日"来套用说不过去。而且"昨日黄花"既不是成语，也没有典故，汉语词典中也没有这个词，这么用是很奇怪的。

活学活用

他也曾知名，不过现在已是明日黄花了。

巧言令色

巧言令色，鲜矣仁。

你如果熟悉《论语》，这个成语就绝对不会用错。在《论语》里，孔子说："巧言令色，鲜矣仁"。意思是花言巧语、装出和颜悦色的样子的人，这种人的仁心就很少了。由此可见，孔子很不喜欢巧言令色的人。

"巧言"的意思是花言巧语，"令色"的意思是讨好的表情。"巧言令色"是指用花言巧语和谄媚伪善的面目讨好别人，是个贬义词。

你可能会想，自由自在地做自己不好吗，为什么要自甘下贱、百般讨好别人呢？还不是因为想依靠权贵为自己谋私利嘛。谋私利会受到正直人士的阻碍，这些人又必然要打击陷害正直人士。所以这个成语常常用在古代的一些小人身上，比如宋徽宗身边的高俅啦、宋高宗身边的秦桧啦，这些人可谓是祸国殃民。

但现实里，居然有人觉得"巧言令色"是个好词呢。他如果用"巧言令色"夸你，你会不会觉得别扭？

活学活用

我讨厌**巧言令色**的人，因为他们不可靠。

文不加点

我看到有人这样造句："这篇文章不仅结构混乱，而且文不加点，令人费解。"看完这句话，你是不是会这样想：写文章不加标点，还让不让人好好读了？

其实"文不加点"中的"点"并不是"标点"的意思，而是"涂改"的意思。"文不加点"实际上是指写文章很快，不用涂改就能写成。

好多小朋友写作文像挤牙膏，写起来断断续续的，写完还要修改半天才算完工。而历史上初唐四杰之一的王勃就不是这样，他在滕王阁上，抓起笔杆就开始写《滕王阁序》，史书记载他"顷刻而就，文不加点，举座大惊。"

这个成语的正确用法，你记住了吗？

活学活用

他一拿到作文试题，立刻奋笔疾书，文不加点，片刻间就洋洋洒洒地写了一大片。

倾巢而出

"倾巢而出"这个成语很有意思。"倾"是倒、翻的意思，"巢"是鸟窝。整个成语是讲出动的。怎么出动？像鸟窝翻了一样，（整窝的鸟）都出来了。

本来这是个自然现象。蜜蜂是"群殴"专家，遇到有人偷蜂蜜，它们会倾巢而出，一起向敌人发起进攻，誓死保卫自己的家园。

后来这个成语被用到人的身上，意义就有点变了，用来比喻敌人出动全部的兵力进行侵扰。注意，这个成语是比喻敌人如何，所以是个贬义词。

公司旁边的商业街新开了一家餐馆，听说味道很不错，小伙伴们决定一起去尝尝，这时候该怎么说呢？我们可以用"倾城而出"，不可以用"倾巢而出"。如果用"倾巢而出"，咱们岂不成了敌人？所以这个词不能用在自己人身上。

活学活用

这次罪犯**倾巢而出**，结果被一网打尽。

不耻下问

孔子是十分有学问的人，那么，他要是遇到自己不懂的问题该怎么办呢？他会谦虚地向他人请教。孔子不仅不觉得这样的行为丢脸，反而认为这是美德。他的弟子在书上写下了他说过的话："敏而好学，不耻下问。"

理解"不耻下问"，关键是要理解"耻"和"下问"。"耻"是"以……为耻"；"下"指的是不如自己的人，"下问"是向不如自己的人询问、请教。"不耻下问"就是不以向不如自己的人询问、请教为耻。

有"下问"，就有"上问"。问长辈、问老师，这是天经地义的，应该没人觉得有什么可羞耻的。但是"下问"不一样，长辈问孩子、老师问学生，有的人就不好意思了。

我们用这个词之前得搞清楚问的对象是谁。如果你说："同学们经常向王老师请教，这种不耻下问的精神值得提倡。"那你可就用错了，因为这句话就有了"老师学问不如你"的意思。把这句话反过来说就对了："王老师有时也向学生请教，这种不耻下问的精神值得提倡。"

活学活用

在学习上，我们要有不耻下问的精神。

雕虫小技

"雕虫小技"比喻微不足道的技能、很小的"三脚猫"功夫。这个成语不难理解，但什么是"雕虫"，你未必知道。

"雕"是刻的意思，那么"虫"又是什么呢？难道要雕刻虫子吗？

其实这里的"虫"不是虫子，而是"秦书八体"中的虫书。虫书是篆书中的花体，常常用在兵器、旗帜和符节上，形状像鸟和虫，有点像现在商品的商标。

我们看电影或电视剧时，经常会看到古人打仗，大将背后的军旗上会写一个大大的花体字，一般是国家的称号，比如"唐"代表唐朝部队；或者是大将的名号，"闯"代表闯王李自成的部队，等等。不过因为用的是虫书，所以写得奇形怪状，不懂的人还以为是画的护身符呢。

所以，虫书其实并不好写，写好它的技术含量还是很高的。如果你在比赛中获得名次，当别人夸奖你时，你可以谦虚地说："雕虫小技，不足挂齿。"但是如果其他同学获了奖，你来个"雕虫小技"，这语气就有点儿吃不到葡萄说葡萄酸咯！

活学活用

我就是随便画了一幅小画，雕虫小技，不足挂齿。

炙手可热

你喜欢吃烤串吗？

"炙"这个字上面的"月"字代表"肉"，把肉在火上烤，所以"炙"就好比是我们现在经常吃的烤肉串。想看看肉串熟了没有，伸手去试试，哇，好烫！

"炙手可热"的意思是手一靠近就感觉热，比喻权贵气焰之盛。

这个成语出自杜甫的《丽人行》："炙手可热势绝伦，慎莫近前丞相嗔！"这句诗的意思是杨家权大势大，气焰高得没人比得上，大家千万不要靠近哦，不然丞相会发怒训人的！这句诗是讽刺杨贵妃、杨国忠兄妹位高权重、气焰嚣张。

"炙手可热"表示权势大、气焰盛，让人不敢接近，是一个贬义词。有时大家会看到有一些报道用"炙手可热"形容某知名艺人很红、很受欢迎，其实是用错了。

活学活用

别看他没什么真本事，却是皇上面前炙手可热的人物。

差强人意

"差强人意"中"差"是稍微、大致的意思，"强"指振奋。"差强人意"的原意是指在战事不利的情况下，振奋部下的意志，勉强使人满意。

通俗点说，就是在战斗中打了败仗，将士们大都垂头丧气，又听说敌方大军压境，更是怕得要死，但是也有将领神色自若，像往常一样督促士兵们整修武器、积极备战，指挥官看到这样的情形总算心里有点安慰，勉强有点满意。所以，这个成语的词性偏褒义，包含满意的意思。

如果有一天你的同学和你这么说："我这次考试的成绩差强人意，我很不开心"显然，他是把"差强人意"当作"让人不满意"的意思了。

活学活用

他努力了半天，却只获得第三名，只能算是差强人意。

不刊之论

有则征稿启事这样写：谢绝文字粗劣的不刊之论。其中"不刊之论"这个词显然是用错了。

我们用铅笔在作业本上写作业，写错了可以用橡皮擦擦掉重写，古人没有橡皮擦，他们用刀。

古人在竹简、木牍上刻写文字，刻写有误需要修改时，就用一种称为"削"的利器削去一层重写，这叫"刊"。"刊"字的右边是立刀旁，字的本意也就是用刀削除。反复使用竹简、木牍时，可以把旧文削去，重写新文。

不能删改的重要文字，才能称为"不刊之论"。这个成语用来形容文章或言辞精准得当、无懈可击。

现在闭上眼睛想一想，你看过的哪些文章可以称为"不刊之论"呢？

如果根据"刊"字的今义，将"不刊"理解为"不刊载"，将"不刊之论"理解成"不能刊载的言论"，那就错了。

活学活用

鲁迅的杂文语言犀利、思想深刻，属于**不刊之论**。

妄自菲薄

如果你身处一堆优秀的同学之中，发现别人学习、体育、唱歌、跳舞样样都比自己强，你会不会感到自卑呢？自卑的心态是不对的，老程告诉你，即使面对爸妈口中"别人家的孩子"，也绝对不要妄自菲薄。

"妄"，随意；"菲薄"，轻视、看不起。"妄自菲薄"就是随意地看不起自己。

"自"是自己，这点容易被忽视。有人喜欢在"妄自菲薄"后面加一个"自己"，说"妄自菲薄自己"，这就成了"随随便便看不起自己自己"，两个"自己"重复了，这叫语意重复。

我们在用这个成语的时候常常在前面加个"不要"或者"不能"。每个生命都有存在的价值，每个人都有自己的作用，要知道"苔花如米小，也学牡丹开。"

活学活用

我们要正确评价自己，不能妄自菲薄。

抛砖引玉

"抛砖引玉"中的"抛"是抛出,"引"是引来。把砖抛出去,引回来玉,这可太划算了。你要是这么想这个成语,可就错了。

"抛砖引玉"确实是把价值不大的东西抛出去,引来价值大的东西,但这只是一个比喻,形容用自己没有价值的东西(意见、文章等),引出好的、珍贵的东西,并不是真的用一包砖头把人家的玉给骗走了,那样的话警察叔叔就要来抓你了。

注意,"抛砖引玉"是谦辞,贬低自己、抬高别人,这是礼数。如果你用"抛砖引玉"说别人,就说人家是砖,你是玉,这不是吹牛了吗?也太不低调了,这个成语不能这么用。

活学活用

我先谈谈自己的看法,希望能抛砖引玉。

七月流火

七月是一年中热得要命的时候，这个时候天上还流火？你是不是想热死我呀。"七月流火"这个成语听起来仿佛是在说七月的天气像冒着火一样热，但实际不然。

"七月流火"出自《诗经》，"七月"是指农历七月，相当于我们平常所说的公历八九月。"火"也不是水火的火，而是天蝎座里的一颗星，这颗星在夜晚的天空中特别亮，古人称之为大火星，用它来确定季节。

每年农历六月，大火星出现在天空正南方，这是一年中天气最热的时候。七月后，大火星逐渐偏西下沉，夏去秋来，暑热渐退，古人把这种现象称作"七月流火"。

所以"七月流火"不是说七月的天气热得像火，而是指到了日渐转凉的时节。但是"流火"两个字很容易让人联想到火焰，渐渐地大家就以讹传讹了。

换季的时候，有的妈妈会这么说：七月流火，九月授衣，来，穿秋裤！

活学活用

七月流火的时节，大家纷纷加厚了衣服。

屡试不爽

"爽"这个字的甲骨文的字形像一个直立的人，左右有火盆或灯盏，本义是明亮。

如果有特别高兴的事，心里自然就敞亮了，所以遇到快乐的事情，人们自然会喊声"爽"。

也许正因为"爽"有快乐、痛快的意思，所以生活里，"屡试不爽"就容易被人理解成屡次试验都不痛快、屡次试验都不成功。

爱迪生发明电灯时，使用了接近 1600 种材料进行试验，也就是失败了 1600 次左右。这就是屡试不爽？好像没见有人这么用这个词的。

其实，在这里"爽"不是舒服、痛快，而是差错、违背的意思。"屡试不爽"的意思是多次试验都没有出现差错。

比如，"爷爷不开心的时候，我只要在电视里放京剧，他就会高兴地哼唱起来，这招屡试不爽。"小朋友们，你有没有"对付"爷爷奶奶屡试不爽的小花招呢？

活学活用

他设计的方案在施工中**屡试不爽**，已经被广泛采纳了。

先斩后奏

大牛和我聊天，说在家里，他爸爸做事总是先斩后奏，无论什么事情，做了以后才让他们知道。我明白他的意思，并告诉他需要在适当的时候劝劝爸爸，做事情要多征求家人的意见。

我还告诉大牛，"先斩后奏"用得不合适。"奏"的原意是奏章，指的是古代大臣向皇帝汇报或陈述。谁向谁上奏呢？只能是大臣向皇帝上奏。所以"先斩后奏"的字面意思是先把人杀了，再奏明皇上。在评书里，皇帝派钦差大臣去办一件重要的事，会授一柄御用宝剑给他，代表皇帝的命令，那么大臣就可以在紧急情况下先斩后奏了。

后来，这个成语的意义被引申，也适用于下级把事情处理完后再向上级报告。说爸爸先斩后奏，那么你是皇上，或者是爸爸的上级？显然这样用有点乱套咯。

记住，"先斩后奏"用于下级对上级，不适用于平辈关系或上级对下级。

活学活用

这么大的事情，你们都先斩后奏，还有组织纪律没有？

自惭形秽

因为自己不如别人而感到惭愧，就是"自惭形秽"。王勃一气呵成写下《滕王阁序》，字字珠玑，句句精妙，在场的其他文人自愧不如，简直要怀疑人生了，这就是"自惭形秽"。

"自惭形秽"这个成语，生活中有很多人用错，比如"他那么出色，我和他相比，真是感到自惭形秽。"你知道哪里有问题吗？

对了，"自惭形秽"里的"自惭"，是自己为自己惭愧，其实已经隐含有"感到"之意。你再在"自惭形秽"前加"感到"二字，就使得句子的语意重复了。

活学活用

他那么出色，我和他相比，真是自惭形秽。

瓜田李下

　　如果你生活在一个村子里，村外不远处有一个瓜田，里面长着你喜欢的各种瓜，村外还有李子树，上面的李子也经常让你垂涎三尺。不过，你是正人君子，虽然你经常从瓜田旁和李子树下经过，但从没想过偷吃。

　　可偏偏有一次瓜被偷了，李子也被人摘走不少。主人想来想去，因为你天天从瓜田旁和李子树下经过，就怀疑起你来。虽然你并不是小偷，人家却天天防着你，好像你是贼似的，太冤枉了！

　　"瓜田李下"，指容易引起嫌疑的地方。有说"瓜田不纳履，李下不正冠"，意思是说一位品行端正的君子，做事应该懂得避嫌。他

经过别人的瓜田的时候，就算鞋子掉了，也不要弯腰去提，不然容易让人怀疑偷瓜；走到别人李子树下的时候，不要用手去扶正帽子，否则很像是在动手摘李子。这两种行为都容易引起误会，应该尽力避免。

总之，这瓜田、李下就是容易惹出是非的地方。你每天放学都从游戏机房那边走，有时还伸头进去瞄一眼。后来你成绩下降了，爸爸说："你肯定跑去打游戏了。"你就会百口莫辩。

"瓜田李下"易被误用为形容田园生活，人们可能认为瓜田有瓜有风景，李下阴凉很温馨。哈哈，这样用纯粹是对"瓜田李下"的误解，属于"两个蛤蟆跳井——不懂（扑通），不懂（扑通）"。

活学活用

我们在保密部门工作一定要谨言慎行，避免瓜田李下之嫌。

期期艾艾

前面咱们讲过语意重复，那样的句子读起来像是口吃，"期期艾艾"就是这个意思。这个成语与两个人的故事有关。

"期期"源自汉代大臣周昌的故事，"艾艾"源自三国时期的军事家邓艾的故事。周昌与邓艾这两个人虽然八竿子打不着，但却有个共同的生理缺陷：口吃。周昌有一次讲话，一着急，就"期期"起来；邓艾向人说自己，常常说"艾艾"，以至于皇帝同他开玩笑，说："卿云艾艾，定是几艾？"

慢慢地，"期期艾艾"就成了一个成语，形容人说话口吃。有些人一紧张就容易口吃，这是一种心理和身体上的障碍，可是有人却把这个成语用错了。比如，你做事理亏了，人家问你话，你吞吞吐吐地回答，于是他错用成语，说你"期期艾艾"。

虽然你理亏，说话很难理直气壮，但你并不是口吃啊。人们用"期期艾艾"形容理屈词穷，属于误用。

说话不利落的人一般会尽量少说话，但遇到需要坚持真理的时候，哪怕是被人笑话也要坚决站出来据理力争，这时候一个人的期期艾艾不仅不会被人嘲笑，还会赢得人们的尊敬呢。

活学活用

他有口吃的毛病，所以说话说得**期期艾艾**的。

贻笑大方

传说中，关羽擅使一把青龙偃月刀，过五关、斩六将。但有个人吹牛，说他敢在关羽面前耍大刀。不用说，关羽看到他那三脚猫功夫，肯定会笑掉大牙。

"贻笑大方"的意思就是让行家笑话。"大方"是"大方之家"的省略，"大方之家"就是行家。"贻"的意思是"赠送"。"贻笑大方"的字面意思是赠送给内行一个笑话。而且"贻笑大方"本就有被动的意思：关公面前耍大刀，是要被关公笑话的。

知道了这层意思，我们就知道生活里有人说"让人贻笑大方"，相当于说"让人让人贻笑大方"，瞧。是不是语意重复了？

活学活用

他小有成就便不可一世，难免贻笑大方。

未雨绸缪

我看到过一篇文章，里面有这么一句："老师应该在问题出现之时就未雨绸缪，而不应在问题出现之后惊慌失措。"这句话其实是个病句，你知道问题出在哪儿吗？

"未雨绸缪"这个成语出自《诗经》。"绸缪"是紧密缠缚的意思。"未雨绸缪"指的是天还没有下雨，先把门窗绑牢，比喻事先做好准备工作。

看到天阴有下雨的迹象，出门时还不带上伞，你就等着被淋成落汤鸡吧。

那么既然是"事先"，怎么能"在问题出现之时就未雨绸缪"呢？很明显，"未雨绸缪"与"出现之时"矛盾，用这个成语的时候，"出现之时"就不要出现了。

活学活用

我们要准确地掌握天气变化的情况，才能做到未雨绸缪。

小时了了

你很小的时候，是不是经常有人夸你"真聪明"？这话你熟悉吧？

"小时了了"这个词，就是夸人从小就很聪明的。"了了"是明明白白的样子，"小时了了"就是小的时候就什么都明明白白。

有的小朋友四岁还在幼儿园跟人抢苹果，抢不到还哭得稀里哗啦，而孔融四岁就知道把大梨子让给哥哥和弟弟吃。瞧瞧人家，多明事理。

但这个词生活中常有人用错，他们觉得"了了"是"不怎么样"的意思。这样理解，"小时了了"成了小时候稀松平常，真不咋的，意思完全相反了。

活学活用

他虽然**小时了了**，却因没有好好栽培，日后一事无成。

目无全牛

一整头牛摆在面前，实在是看不完，不知道是眼睛太小了，还是牛太大了，反正只看得到一部分。有的人根据"目无全牛"的字面意思，联想到了"只见树木，不见森林"。在他们看来，"目无全牛"就是只看到了局部，没有看到整体，只看到了部分，没有看到大局，形容目光短浅。

然而，这样想就是大错特错了。"目无全牛"出自《庄子》里的"庖丁解牛"。宰牛的厨师说，他刚开始宰牛的时候，看牛还是牛，满眼都是牛；宰了三年之后，就看牛不是牛，看到的全是它内部的筋骨结构了。一头牛在他眼里，就是生物课上的牛体骨骼标本，刀从哪儿下，往哪儿切割，他简直"门儿清"。

因此，这个成语是指宰牛时，眼力完全集中在骨骼间隙之间，已不再注意牛的外形，比喻技艺纯熟、高超。原来，"目无全牛"并不是贬低人的，而是夸奖人的。你理解对了吗?

活学活用

他对这项工作掌握熟练，已经达到了目无全牛的境界。

莘莘学子

好多人都在"莘莘学子"这个成语上栽跟头。有人把"莘莘学子"念成"辛辛学子",有人一张嘴就说"莘莘学子们",还有人在文章中写:"合影中有一位文弱的莘莘学子"……这些读法和用法都是错误的。

"莘莘学子"当然指的是学生,你是学生,当然也是莘莘学子中的一员。但"莘莘"是"众多的样子","莘莘学子"是"众多学子"。你、我、他,作为个人,只能是莘莘学子中的一个,而不能是"莘莘学子"。而且"莘莘"本来就是"众多"的意思了,再加"们"就重复了,有语病。你明白了吗?

最后还要提醒一下,"莘莘"读"shēn shēn",不能读成"xīn xīn"。

活学活用

书,就像是慈祥的母亲,哺育着莘莘学子。

豆蔻年华

豆蔻是一种多年生草本植物，开花在农历二月。豆蔻年华是女子一生中一段美丽的时光，那它到底是指几岁的女子呢？十七八岁？十五六岁？还是十三四岁？你猜猜！

唐代诗人杜牧在扬州任职时，曾在诗作中用豆蔻花形容女子的美："娉娉袅袅十三余，豆蔻梢头二月初。春风十里扬州路，卷上珠帘总不如。"杜牧用二月初豆蔻花娉娉袅袅的姿态，比喻十三四岁少女轻盈柔美的样子，词面美好，比喻妙绝，后世沿袭，"豆蔻年华"就逐渐成了十几岁少女的代名词。

所以，我们不能把"豆蔻年华"理解成"青春年华"。"豆蔻年华"指的是十三四岁的女孩，不能指二十多岁的姑娘，当然更不能指男孩，哪怕是十三四岁。

活学活用

这些女孩子正值豆蔻年华，充满朝气。

沐猴而冠

给猴子洗个澡，戴上帽子，这是马戏要开演了？"沐猴而冠"这个成语真的是这个意思吗？

其实"沐猴"就是"猕猴"，跟洗不洗澡没关系，而"冠"是戴帽子。"沐猴而冠"是指猴子戴上帽子，像个人似的。

我们老家有句俏皮话："狗戴帽子——装人。"你想想，这是好词儿吗？装人也好，不是人也罢，怎么听都是贬义词。"沐猴而冠"是指虽然装扮得很像样，但虚有其表，这个成语常用来讽刺投靠恶势力，窃据权位的人。

古代的文人骂人很含蓄，不带一个脏字，词的意思却很损。而"沐猴而冠"这个成语跟项羽有关，说是项羽功成名就后，韩生劝他定都关中，承接秦朝霸业，项羽却只想回江东跟父老炫耀。韩生觉得项羽空有霸王之名，没有霸王的能力，私下说他"沐猴而冠"，意思是虽然人模人样却虚有其表，内在愚笨不堪。这句话惹怒了项羽，为韩生惹来了杀身之祸。

所以，你说"沐猴而冠"是个褒义词还是贬义词呢？

活学活用

他虽然穿着西装革履，不过是**沐猴而冠**，举止谈吐仍然粗俗不堪。

耳提面命

你看过《西游记》吧？《西游记》里的二师兄猪八戒忽闪着大耳朵，走路一摇一晃，憨态可掬。非常可爱。还有下面这个场面，你也可能很熟悉：孙悟空揪着猪八戒大大的耳朵，猪八戒怕疼，哼唧着叫："大师兄饶命！"

揪耳朵就是"耳提"，而"面命"就是面对面命令。有了猪八戒被揪耳朵的印象，再加上"面命"的画面感，你是不是觉得"耳提面命"有点可怕？被揪着耳朵当面训斥，谁会喜欢这种场面呢？

不过，你这样想还真是误解这个成语了。其实"耳提面命"是一个褒义词，是说老师非常认真、严格负责，不仅当面告诉你，而且提着你的耳朵告诉你。

菩提老祖把孙悟空半夜叫进房里，偷偷教他七十二变，估计也是这般耳提面命的，可能还要压低声音教，以免别的人知道了。为什么呢？因为孙猴子是个惹祸包，菩提老祖怕受连累啊。

所以如果遇到耳提面命教你的老师，你就感恩吧。

活学活用

如果没有当年父亲的**耳提面命**，就没有我今天的成就。

不足为训

国有国法，校有校训，家有家训，这里的"法""训"都是指典范的规则。

中国古代的大家族常常把祖先的教导记载下来，立为家训。宋朝皇室的家训是不准杀士大夫，因此，大臣们都敢于直言。在民间也有朱子家训、程子家训、颜氏家训等流传至今。

生活中常常有人用错"不足为训"，其症结在一个"训"字。那么，"不足为训"的"训"，是"校训""家训"之"训"，还是"教训"之"训"呢？

有人如果把"不足为训"的"训"当作"教训"之"训"，那么"不足为训"就会被误解为不值得作为教训。其实，"不足为训"的"训"是"校训""家训"之"训"，"不足为训"是指不能当作典范或法则。咱们可不要用错啦。

活学活用

他对孩子的事业不满意，总觉得孩子信奉的那些东西不足为训。

好为人师

有人向我问一些教育、读书方面的问题，我向来不厌其烦，有时会说很多话。我自己常想，我大概有点儿好为人师了。我虽然是老师，但不是人家的老师啊，"遇事不谦虚，喜欢以教育者自居"，这是"好为人师"的解释，不就是说我的吗？

"好为人师"是一个贬义词，我用来形容自己，算是自嘲。但生活里真有把这个成语用错了的朋友，他们把这个成语的意思误解为热爱教师工作，喜欢当老师。这样理解很容易出现尴尬的情况：被你夸好为人师的人，只能尴尬而又不失礼貌地苦笑了。

活学活用

王五并无多少学识，但他却**好为人师**，总是对着大家说个没完没了。

下车伊始

如果你生活在商周时期，被朝廷封了大官，要到很远的地方去上任，怎样才能又快又稳地到达目的地呢？别急，你可以坐朝廷配的专车——驿车。到了地方，百姓一看就知道新官来了，你从驿车上下来就可以安排工作了。

"下车伊始"的意思就是刚刚下车，"伊"是文言助词，没有意义，"始"是开始。后来用"下车伊始"形容新官上任，现在是指带着工作任务刚刚到一个地方。

这个词经常有人用错：你坐高铁刚刚到家，他说你"下车伊始"；你坐出租车刚刚到某地，他说你"下车伊始"；你刚刚坐公交去上学，他也说你"下车伊始"。"下车伊始"如今和车没有必然关系了，这么理解，就是望文生义啦。

其实现在新官上任，无论坐不坐车，都是"下车伊始"；你带着工作刚刚到一个地方，哪怕是徒步去的，也是"下车伊始"；你乘坐飞机去赴新任，也是"下车伊始"。

活学活用

有些人不注重调查研究，**下车伊始**就发议论、提意见。

安土重迁

"我的故乡并不美，低矮的草房苦涩的井水。"这么苦的地方，但乡亲们也不愿意轻易搬走。中国人向来重视故乡，住惯了本乡本土，总是不肯轻易迁移，认为"金窝银窝不如自己的草窝"。

"安土重迁"就是安于故土、不愿意迁徙，这是一种对故乡的依恋，也是一种不易改变的生活习惯。

但有人眼里只看到"重迁"两字，认为其是很重视迁移的意思，像孟母那样，为了孩子的教育搬三次家。殊不知，"重迁"是重视迁移不假，却是"不想迁移、不愿意迁移"的意思。

"安土重迁"是好还是不好呢？其实要是人类的始祖太过安土重迁，恐怕人类至今还生活在山洞里或草原上呢。

活学活用

他们**安土重迁**，没有谁愿意背井离乡。

美轮美奂

　　我有个朋友生了个漂亮可爱的女儿，给她取名叫美轮，我和她打趣说，再生个男孩就叫美奂吧。作为名字而言，"美轮""美奂"都好听且富有个性，关键一点是，"美轮美奂"是一个成语。

　　"轮"，高大；"奂"，众多。"美轮美奂"这个词是形容房屋高大华丽的。春秋时晋国大夫赵武建造宫室落成后，人们前去参观，眼睛都看直了。大夫张老说："美哉轮焉，美哉奂焉！"。

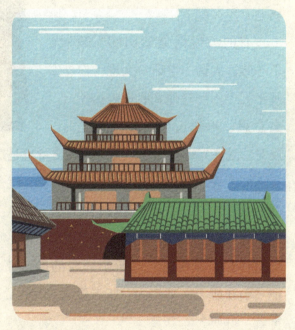

　　大家注意，"美轮美奂"是建筑的"专职"形容词，也就是说，美轮美奂只能形容建筑、装饰等。

　　小姑娘漂亮，你不能说"美轮美奂"；景色美丽，你也不能说"美轮美奂"；人物形象逼真，你更不能说"美轮美奂"。

活学活用

　　这栋大楼如此**美轮美奂**，真是让人大开眼界，过往的行人无不点头称赞。

不知所云

如果有人给你写的作文下这样的评语："两个黄鹂鸣翠柳，一行白鹭上青天。"请问这是在夸你吗？答案揭晓，这是在说你的文章"不知所云，离题万里"呢。

有的人说话絮絮叨叨、啰里啰唆，大话、空话一大堆，你听半天也不清楚他到底想表达什么意思，不知道他是赞成还是反对，是高兴还是生气。有的人写文章也是这样，东拉西扯凑字数，前言不搭后语，文章中的每个字我都认识，就是合起来看不懂。这些都是"不知所云"。

你要是想帮他捋一捋，搞明白他的意思，多问两句他还不耐烦，反给你扣一顶帽子："听不懂我的话，那是你不知所云。"他这是把"不知所云"理解为"听者没有理解"。有没有搞错？我才是"受害者"好吗？

要记住哟，"不知所云"是形容一个人说话的内容逻辑混乱、表达不清、语无伦次的。

活学活用

他说话满口之乎者也，常常让人**不知所云**。

不可理喻

你小时候是不是干过一些调皮的事？你闯了祸，爸爸妈妈气得马上要揍你。

要知道，打人可是犯法的，我们小朋友受相关法律保护，家长不能打我们。其实，我们不小心犯了错误，家长、老师可以给我们讲道理呀，因为我们是懂道理的人，家长、老师正确地教育我们，我们也会认错的。

最怕的是，有人不讲理，还根本听不进去你讲的道理。"不可理喻"形容的就是这种人，"喻"是明白的意思，"不可理喻"就是说你和某人讲道理，根本不能使他明白。

"不可理喻"表达了对某人的失望，我们不能把这个词和"不可理解"混淆。"不可理喻"的人，按常理也大概"不可理解"，但"不可理解"人与事，未必"不可理喻"。比如，有的人小时候特别嘴馋，对妈妈把糖果藏起来不给他吃这件事很不理解，但妈妈并不是不可理喻的人。

"不可理喻"可不能乱用，如果乱用"不可理喻"，咱们不就成了蛮不讲理的人了吗？

活学活用

他那种人，简直**不可理喻**，别去跟他一般见识。

相敬如宾

我看某国电视剧有个感受，他们人与人之间太客气啦，说话都用"敬语"：父亲大人、兄长、前辈……一边称呼一边鞠躬下跪，点头致意。说起来，这还是咱们古代中国人的礼仪习惯，传到日本、韩国后沿用至今。

你可能觉得这样很好啊，你尊敬我、我尊敬你，二者之间好像宾客一样，这是一种多么和谐的关系啊。但如果把上述的内容浓缩为一个成语"相敬如宾"，可就不是那么一回事了。

你与父母，不能"相敬如宾"；兄弟姐妹之间，不能"相敬如宾"；朋友之间，不能"相敬如宾"；陌生人之间，也不能"相敬如宾"。

"相敬如宾"只能用于夫妻之间。你可以说爸爸和妈妈相敬如宾；你以后结婚了，也可以和你的那个她或是那个他相敬如宾。因为这个成语源自春秋时期一对模范夫妻的故事。在那个时代，礼制是国家最重要的制度，这对夫妻一丝不苟地遵守礼制，堪为楷模，记者（史官）专门为他们写了一篇报道，流传到现在。所以，"相敬如宾"只能用于夫妻之间，我们可不能乱用。

活学活用

小梅的爷爷奶奶已经共同生活几十年了，一直**相敬如宾**。

良莠不齐

有一种狗尾巴草长得很像谷物，古人称之为"莠"。它和禾苗一起长在田里的时候，一般人分不清楚它们，一起给他们施肥，等到秋天收获的时候一看，它不结谷穗，白吃养料，真是庄稼里面的坏蛋。

"良莠不齐"本来的意思是分辨不清好的谷穗和莠，现用来表示好人坏人都有，混杂在一起，侧重表示人的道德品质。

现在有人把"良莠不齐"理解为成绩等差别很大。比如，你们班同学的考试成绩高高低低、各不相同，有人就说你们班同学良莠不齐，这就大错特错了。"良莠不齐"是说人品或品质的，有些同学即便成绩不好，但人品可是"杠杠的"，怎么能把他比作"莠"呢？

活学活用

网络上的东西良莠不齐，我们要学会分辨，理性上网。

侧目而视

斜着眼看人会让人感觉很不友好。"你瞅我干嘛?""瞅你不行?""瞅我就不行,你再瞅一眼试试?""试试就试试!"一来二去,两个人就打起来了。

大概是因为有这样的状况,"侧目而视"这个成语被太多的人认为是"看不起、轻视"的意思。"他得了冠军,就对自己的同伴侧目而视。"这样的用法好像有很多。

其实,"侧目而视"是形容憎恨或又怕又愤恨的。这个成语是表示"斜着眼睛看人"不假,但"斜着眼睛看人"却不是因为轻视、看不起,而是因为憎恨、害怕或恐惧。这种"侧目",往往不会引起直接的冲突。

活学活用

他天天吆五喝六,旁若无人,不免被人侧目而视。

感激涕零

别人帮助了你，你要表示感谢。如果人家对你的帮助特别大，你特别感激，眼泪都流下来了，这就是"感激涕零"。

"涕"是眼泪，"零"是流下。需要注意的是，"涕"不是鼻涕。人家帮助了你，你也用不着哭得鼻涕糊一脸，那多不好意思啊。

有些人这样用"感激涕零"，说"某某感激涕零地流下了眼泪"，这就用错了。"涕零"就是"流下了眼泪"，你流了一次眼泪，还要再流一次眼泪，那可真是个爱哭鬼啊！

活学活用

误：老王感激涕零地流下眼泪向老李道谢："这次真是多亏你了。"

正：老王感激涕零地向老李道谢："这次真是多亏你了。"

学而不厌

　　放寒假啦，老师布置了作业，有的同学一看到就叫苦，有的同学却说："我感觉还可以再加一点儿。"人和人之间，差别咋就那么大呢？

　　几千年前，孔子就说"学习而不觉满足，教诲别人而不知疲倦，这对我又有什么难的呢？哈哈哈，他很享受呢。"

　　"学而不厌"这个成语出自《论语》，"厌"是满足的意思。学习起来不知道满足，就是"学而不厌"。

　　但很多人把"厌"误解为"讨厌、厌恶"，把"学而不厌"理解为努力学习却不厌烦。虽然字面上解释得通，但"厌"在这里不能理解为厌倦、厌烦，而是满足的意思，比如"贪得无厌"，就表示贪欲永远没有满足的时候。

　　学而不厌，学无止境，在学习上永不满足，勇攀高峰，这境界是不是很高？

活学活用

我们应当**学而不厌**、勤奋刻苦，这样成绩才能提高。

凯旋

法国有个凯旋门，中国古代也有凯旋门，得胜回朝的部队会押着缴获的武器、财物等从门下经过，接受首领的检阅。

"凯旋归来""胜利凯旋""胜利凯旋归来"，在生活中被胜利冲昏了头脑的人是不是经常这么说？你有没有觉得有点儿别扭呢？

"凯"，胜利；"旋"，归来，"凯旋"，胜利归来。明白了吧，"凯旋"两个字已经包含了胜利和归来两层意思，再加上那些词就多此一举了：

胜利凯旋 = 胜利胜利归来

凯旋归来 = 胜利归来归来

胜利凯旋归来 = 胜利胜利归来归来

所以，含有"胜利凯旋""凯旋归来""胜利凯旋归来"的句子统统都是病句，因为这样语意就重复啦。

活学活用

误：将军率大兵北伐，我们希望您早日凯旋归来。

正：将军率大兵北伐，我们希望您早日凯旋。

见笑

见笑了。

"见"有时是"对我如何"的意思，比如"见外"的意思是把我当外人，"见教"的意思是教导我，"见谅"就是原谅我的意思。

"见"有时也表示被动，如"见笑"就是被人笑话。

"见笑"常常是客套话。在讲"蓬荜生辉"的时候我们讲过谦辞，现在古人的谦虚劲儿又上来了，这回不说妻子、孩子了，换成说自己。"见笑"表示自己可笑，至于对方笑还是不笑，那是对方的事。当然啦，对方一般也会谦虚回应，不会真的去嘲笑你。

有人说"被你见笑了。"其实这是病句。"被"是被动，"见"也表示被动，连起来就是"被你被笑话了"，这是什么意思？不过我们要特别注意，现在有很多人喜欢说"让您见笑了"，似乎也没违和感。约定俗成、将错就错，有时也没有办法啊。

活学活用

我二叔就是这脾气，性烈如火，见笑了。

倍

欢度新年，有同学吹起气球装饰黑板报，第二天发现气球漏了气，没原来那么大了。同学惋惜地说："哎呀，气球缩小了一倍。"初一听这话没问题，再一想，好像哪里不对吧？

"倍"表示和原来相等的数量，某数的几倍就是用几乘以某数。如3的5倍，就是用3乘以5，就是15。"倍"是讲扩大的，比如我们可以说操场扩大了一倍。

缩小一倍就是拿原数减去这个自己，那岂不成零了？如果缩小两倍、三倍呢，岂不成负数了？所以，"倍"只能用于扩大，不能用于缩小；只能用于增加，不能用于减少。

那气球缩小到原来的一半怎么说呢？说"缩小一半"呗。

活学活用

这个学校发展很快啊，校园面积比以前扩大了一倍。